T0010300

FINJAMOS QUE SOY FELIZ

SOR JUANA INÉS DE LA CRUZ (1651-1695) fue la exponente novohispana más importante de México. Escribió poesía, teatro y prosa. En 1669 comenzó una vida monástica, que continuaría por el resto de su vida, lo cual le permitió dedicarse por completo al estudio y a la escritura. Ya que pertenecía a la corte de los virreyes, tuvo una serie de mecenas que le permitieron publicar sus primeras obras. Gracias a su talento, así como a las controversias que muchos de sus textos generaron en su círculo social, se volvió, junto a autores como Sigüenza y Góngora y Ruiz de Alarcón, una de las poetas más admiradas de la Colonia. Entre sus libros destacan *Respuesta a sor Filotea de la Cruz*, *El divino Narciso*, *Los empeños de una casa* y *Amor es más laberinto*. Murió a causa de una epidemia.

FINJAMOS QUE SOY FELIZ

SOR JUANA INÉS DE LA CRUZ

Selección de Luna Miguel

POESÍA
PORTÁTIL

Finjamos que soy feliz,
triste Pensamiento, un rato;
quizá podréis persuadirme,
aunque yo sé lo contrario:

que pues sólo en la aprehensión
dicen que estriban los daños,
si os imagináis dichoso
no seréis tan desdichado.

Sírvame el entendimiento
alguna vez de descanso,
y no siempre esté el ingenio
con el provecho encontrado.

Todo el mundo es opiniones
de pareceres tan varios,
que lo que el uno que es negro,
el otro prueba que es blanco.

A unos sirve de atractivo
lo que otro concibe enfado;

y lo que éste por alivio,
aquél tiene por trabajo.

   El que está triste, censura
al alegre de liviano;
y el que está alegre, se burla
de ver al triste penando.

   Los dos filósofos griegos
bien esta verdad probaron:
pues lo que en el uno risa,
causaba en el otro llanto.

   Célebre su oposición
ha sido por siglos tantos,
sin que cuál acertó, esté
hasta agora averiguado;

   antes, en sus dos banderas
el mundo todo alistado,
conforme el humor le dicta,
sigue cada cual el bando.

   Uno dice que de risa
sólo es digno el mundo vario;
y otro, que sus infortunios
son sólo para llorados.

   Para todo se halla prueba
y razón en que fundarlo;
y no hay razón para nada,
de haber razón para tanto.

Todos son iguales jueces;
y siendo iguales y varios,
no hay quien pueda decidir
cuál es lo más acertado.

Pues, si no hay quien lo sentencie,
¿por qué pensáis vos, errado,
que os cometió Dios a vos
la decisión de los casos?

¿O por qué, contra vos mismo
severamente inhumano,
entre lo amargo y lo dulce
queréis elegir lo amargo?

Si es mío mi entendimiento,
¿por qué siempre he de encontrarlo
tan torpe para el alivio,
tan agudo para el daño?

El discurso es un acero
que sirve por ambos cabos:
de dar muerte, por la punta;
por el pomo, de resguardo.

Si vos, sabiendo el peligro,
queréis por la punta usarlo,
¿qué culpa tiene el acero
del mal uso de la mano?

No es saber, saber hacer
discursos sutiles vanos;

que el saber consiste sólo
en elegir lo más sano.

Especular las desdichas
y examinar los presagios,
sólo sirve de que el mal
crezca con anticiparlo.

En los trabajos futuros,
la atención, sutilizando,
más formidable que el riesgo
suele fingir el amago.

¡Qué feliz es la ignorancia
del que, indoctamente sabio,
halla de lo que padece,
en lo que ignora, sagrado!

No siempre suben seguros
vuelos del ingenio osados,
que buscan trono en el fuego
y hallan sepulcro en el llanto.

También es vicio, el saber,
que, si no se va atajando,
cuanto menos se conoce
es más nocivo el estrago;

y si el vuelo no le abaten,
en sutilezas cebado,
por cuidar de lo curioso
olvida lo necesario.

Si culta mano no impide
crecer al árbol copado,
quita la substancia al fruto
la locura de los ramos.

Si andar a nave ligera
no estorba lastre pesado,
sirve el vuelo de que sea
el precipicio más alto.

En amenidad inútil,
¿qué importa al florido campo,
si no halla fruto el otoño,
que ostente flores el mayo?

¿De qué le sirve al ingenio
el producir muchos partos,
si a la multitud se sigue
el malogro de abortarlos?

Y a esta desdicha, por fuerza
ha de seguirse el fracaso
de quedar, el que produce,
si no muerto, lastimado.

El ingenio es como el fuego:
que, con la materia ingrato,
tanto la consume más
cuanto él se ostenta más claro.

Es de su propio señor
tan rebelado vasallo,

que convierte en sus ofensas
las armas de su resguardo.

Este pésimo ejercicio,
este duro afán pesado,
a los hijos de los hombres
dio Dios para ejercitarlos.

¿Qué loca ambición nos lleva
de nosotros olvidados?
Si es para vivir tan poco,
¿de qué sirve saber tanto?

¡Oh, si como hay de saber,
hubiera algún seminario
o escuela donde a ignorar
se enseñaran los trabajos!

¡Qué felizmente viviera
el que, flojamente cauto,
burlara las amenazas
del influjo de los astros!

Aprendamos a ignorar,
Pensamiento, pues hallamos
que cuanto añado al discurso,
tanto le usurpo a los años.

Ya que para despedirme,
dulce idolatrado dueño,
ni me da licencia el llanto
ni me da lugar el tiempo,

   háblente los tristes rasgos,
entre lastimosos ecos,
de mi triste pluma, nunca
con más justa causa negros;

   y aun ésta te hablará torpe
con las lágrimas que vierto,

   porque va borrando el agua
lo que va dictando el fuego.

   Hablar me impiden mis ojos;

   y es que se anticipan ellos,
viendo lo que he de decirte,
a decírtelo primero.

   Oye la elocuencia muda
que hay en mi dolor, sirviendo

los suspiros, de palabras,
las lágrimas, de conceptos.
    Mira la fiera borrasca
que pasa en el mar del pecho,
donde zozobran, turbados,
mis confusos pensamientos;
    mira cómo ya el vivir
me sirve de afán grosero;
que se avergüenza la vida
de durarme tanto tiempo;
    mira la muerte, que esquiva
huye porque la deseo;
que aun la muerte, si es buscada,
se quiere subir de precio;
    mira cómo el cuerpo amante,
rendido a tanto tormento,
siendo en lo demás cadáver,
sólo en el sentir es cuerpo;
    mira cómo el alma misma
aun teme, en su ser exento,
que quiera el dolor violar
la inmunidad de lo eterno.
    En lágrimas y suspiros
alma y corazón a un tiempo,
aquél se convierte en agua,
y ésta se resuelve en viento.

Ya no me sirve de vida
esta vida que poseo,
sino de condición sola
necesaria al sentimiento.

Mas ¿por qué gasto razones
en contar mi pena, y dejo
de decir lo que es preciso,
por decir lo que estás viendo?

En fin, te vas. ¡Ay de mí!
Dudosamente lo pienso:
pues si es verdad, no estoy viva,
y si viva, no lo creo.

¿Posible es que ha de haber día
tan infausto, tan funesto,
en que sin ver yo las tuyas
esparza sus luces Febo?

¿Posible es que ha de llegar
el rigor a tan severo,
que no ha de darle tu vista
a mis pesares aliento,

que no he de ver tu semblante,
que no he de escuchar tus ecos,
que no he de gozar tus brazos
ni me ha de animar tu aliento?

¡Ay, mi bien! ¡Ay, prenda mía,
dulce fin de mis deseos!

¿Por qué me llevas el alma,
dejándome el sentimiento?

Mira que es contradición
que no cabe en un sujeto,
tanta muerte en una vida,
tanto dolor en un muerto.

Mas ya que es preciso (¡ay, triste!),
en mi infelice suceso,
ni vivir con la esperanza
ni morir con el tormento,

dame algún consuelo tú
en el dolor que padezco;
y quien en el suyo muere,
viva siquiera en tu pecho.

No te olvides que te adoro,
y sírvante de recuerdo
las finezas que me debes,
si no las prendas que tengo.

Acuérdate que mi amor,
haciendo gala del riesgo,
sólo por atropellarlo
se alegraba de tenerlo.

Y si mi amor no es bastante,
el tuyo mismo te acuerdo,
que no es poco empeño haber
empezado ya en empeño.

Acuérdate, señor mío,
de tus nobles juramentos;
y lo que juró tu boca
no lo desmientan tus hechos.

Y perdona si en temer
mi agravio, mi bien, te ofendo,
que no es dolor, el dolor
que se contiene en lo atento.

Y adiós; que, con el ahogo
que me embarga los alientos,
ni sé ya lo que te digo
ni lo que te escribo leo.

Hombres necios que acusáis
a la mujer sin razón,
sin ver que sois la ocasión
de lo mismo que culpáis:

si con ansia sin igual
solicitáis su desdén,
¿por qué queréis que obren bien
si las incitáis al mal?

Combatís su resistencia
y luego, con gravedad,
decís que fue liviandad
lo que hizo la diligencia.

Parecer quiere el denuedo
de vuestro parecer loco
al niño que pone el coco
y luego le tiene miedo.

Queréis, con presunción necia,
hallar a la que buscáis,

para pretendida, Thais,
y en la posesión, Lucrecia.

    ¿Qué humor puede ser más raro
que el que, falto de consejo,
él mismo empaña el espejo,
y siente que no esté claro?

    Con el favor y el desdén
tenéis condición igual,
quejándoos si os tratan mal,
burlándoos si os quieren bien.

    Opinión, ninguna gana;
pues la que más se recata,
si no os admite, es ingrata,
y si os admite, es liviana.

    Siempre tan necios andáis
que, con desigual nivel,
a una culpáis por crüel
y a otra por fácil culpáis.

    Pues ¿cómo ha de estar templada
la que vuestro amor pretende,
si la que es ingrata, ofende,
y la que es fácil, enfada?

    Mas, entre el enfado y pena
que vuestro gusto refiere,
bien haya la que no os quiere,
y quejáos en hora buena.

Dan vuestras amantes penas
a sus libertades alas,
y después de hacerlas malas
las queréis hallar muy buenas.

¿Cuál mayor culpa ha tenido
en una pasión errada:
la que cae de rogada,
o el que ruega de caído?

¿O cuál es más de culpar,
aunque cualquiera mal haga:
la que peca por la paga,
o el que paga por pecar?

Pues ¿para qué os espantáis
de la culpa que tenéis?
Queredlas cual las hacéis
o hacedlas cual las buscáis.

Dejad de solicitar,
y después, con más razón,
acusaréis la afición
de la que os fuere a rogar.

Bien con muchas armas fundo
que lidia vuestra arrogancia,
pues en promesa e instancia
juntáis diablo, carne y mundo.

Sobre si es atrevimiento,
bella Elvira, responderte,
y sobre si también era
cobardía el no atreverme,

   he pasado pensativa,
sobre un libro y un bufete
(por que vayan otros *sobres*),
sobre el amor que me debes,

   no sé yo qué tantos días;
porque como tú en ti tienes
reloj de sol, no hay quien mida
lo que vive o lo que muere.

   Y si no lo has por enojo,
después que estaba el caletre
cansado asaz de pensar
y de revolver papeles,

   resuelta a escribirte ya,
en todos los aranceles

de jardines y de luces,
de estrellas y de claveles,

no hallé en luces ni colores
comparación conveniente,
que con más de quince palmos
a tu hermosura viniese,

con ser que no perdoné
trasto que no revolviese
en la tienda de Timantes
ni en el obrador de Apeles.

Pues a los poetas, ¡cuánto
les revolví los afeites
con que hacen que una hermosura
dure aunque al tiempo le pese!

En Petrarca hallé una copia
de una Laura, o de una duende,
pues dicen que ser no tuvo
más del que en sus versos tiene;

cubierta, como de polvo,
de griego, una copia breve
hallé de Elena, de Homero
olvidada en un retrete;

pues de Virgilio el coturno
no dejó de enternecerse
con Elisa, en el *quam laè-
ti te genuere parentes*;

a Proserpina, en Claudiano,
ni aun me dio gana de verle
la su condenada faz,
llena de hollines y peces;

de Lucrecia la romana,
aquella beldad valiente
persuadiendo honor estaba
a las matronas de allende;

Florinda vana decía
a los moros alquiceles:
«Tanto como España valgo,
pues toda por mí se pierde»;

Lavinia estaba callada,
dejando que allá se diesen
Turno y el *pater* Eneas,
y después, ¡viva quien vence!

En Josefo Marïamne,
al ver que sin culpa muere,
dijo: «Si me mata Herodes,
claro es que estoy inocente»;

Angélica, en Arïosto,
andaba de hueste en hueste
alterando paladines
y descoronando reyes;

en Ovidio, como es
poeta de las mujeres,

hallé que al fin los pintares
eran como los quereres;

    y hallé a escoger, como en peras,
unas bellezas de a veinte,
a lo de *¿qué queréis, pluma?*,
que están diciendo *cómeme*;

    en los prados, más que flores,
en el campo, más que nieves,
en las plantas, más que frutos,
y en las aguas, más que peces;

    a la rubia Galatea
junto a la cándida Tetis,
a la florida Pomona
y a la chamuscada Ceres;

    a la gentil Aretusa
y a la música Canente,
a la encantadora Circe
y a la desdichada Heles;

    a la adorada Coronis,
y a la infelice Semele,
a la agraciada Calisto
y a la jactante Climene,

    y a otra gran tropa de ninfas
acuátiles y silvestres,
sin las mondongas, que a aquéstas
guardaban los adherentes;

a la desdeñosa Dafne,
a la infausta Nictimene,
a la ligera Atalanta
y a la celebrada Asterie;

   y en fin, la Casa del Mundo,
que tantas pinturas tiene
de bellezas vividoras,
que están sin envejecerse,

   cuya dura fama, el Tiempo,
que todas las cosas muerde
con los bocados de siglos,
no les puede entrar el diente,

   revolví, como ya digo,
sin que entre todas pudiese
hallar una que siquiera
en el vestido os semeje.

   Conque, de comparaciones
desesperada mi mente,
al ¿*viste*? y al *así como*
hizo ahorcar en dos cordeles,

   y sin tratar de pintarte,
sino sólo de quererte:
porque ésta, aunque culpa, es culpa
muy fácil de cometerse,

   y esotra, imposible y culpa;
y a más de culpa, se temen

de Ícaro los precipicios
y de Faetón los vaivenes.

   Mira qué vulgar ejemplo,
que hasta los niños de leche
faetonizan e icarizan
la vez que se les ofrece.

   Y en fin, no hallo qué decirte,
sino sólo qué ofrecerte,
adorando tus favores,
las gracias de tus mercedes.

   De ellos me conozco indigna;
mas eres Sol, y amaneces
por beneficio común
para todos igualmente.

   Por ellos, señora mía,
postrada beso mil veces
la tierra que pisas y
los pies, que no sé si tienes.

¡Válgame Dios! ¿Quién pensara
que un pobre romance mío,
que para salir de madre
hubo menester padrino,

    mereciera aquella ofensa
que me hacéis?: pues imagino
que es vituperio, y no elogio,
la alabanza en el indigno:

    que a los defectos por sí,
cuando carecen de aliño,
el mirarlos como malos
los hace desatendidos:

    que como en la inadvertencia
está el reparo dormido,
tienen de no censurados
lo que de no conocidos;

    pero si exterior adorno
es de la vista atractivo,

lo que buscó para aplauso
suele hallar para castigo.

    Cuando el rozagante traje
adorna al disforme simio,
tanto está más fiero, cuanto
provoca más a ser visto;

    la oposición, nadie ignora
cuánto refuerza los bríos,
y que un contrario se alienta
a vista de su enemigo;

    cuando el frío y el calor
llegan a verse vecinos,
está más ardiente el fuego,
está más helado el frío;

    cuando destierran la noche
del sol los dorados rizos,
parece ella más obscura
y él parece más lucido.

    Pues siendo esto así, señor,
decidme: ¿con qué motivo
me hicisteis aquel agravio
con capa de beneficio?

    ¿No veis que es querer que, juntos
vuestros versos a los míos,
hagan vuestras perfecciones
más disformes mis delirios?

¿Vos ocupado en mi elogio,
cuando a ser asunto digno
vuestro, es poco el movimiento
de los celestiales giros;

cuando diera el sol sus rayos
a que os sirvieran de estilos,
y os ministraran los cielos
los azules pergaminos;

cuando, si que lo alabarais
pensara el prado florido,
hicierais costa a las flores
de buscar nuevos aliños;

cuando, a temer que haríais vos
de sus versos escrutinio,
mandara con más razón
quemar la *Eneida* Virgilio;

cuando, si os viera maestro
de su Alejandro, Filipo,
con más justa causa hiciera
a sus dioses sacrificio;

y si el Macedón, vivir
viera en los preservativos
aromas vuestros, sus glorias
a los venideros siglos,

no tuviera, al contemplar
los hechos de los argivos,

ni a Aquiles por tan dichoso
ni a Homero por tan divino;

    cuando, si César gozara
vuestro numen descriptivo,
solicitara, en sus hechos,
aumentarlos, no escribirlos?

    ¿Vos, a quien por Ptolomeo
veneraran los egipcios,
por Solón los atenienses,
los romanos por Pompilio,

    los árcades por Apolo,
por Fidón los de Corinto,
los magnesios por Platón
y los cretenses por Minos?

    Porque ¿qué Dracón, qué Eaco,
qué Mercurio Trismegisto,
qué Deucalión, qué Licurgo,
qué Belo, qué Tulio Hostilio,

    qué Saturno, qué Carondas,
qué Filolao, qué Anicio,
qué Samolio, qué Seleuco,
qué Rómulo, qué Tranquilo

    llegaron a vuestras letras,
cuando todos los antiguos
legisladores apenas
os pueden servir de tipos?

Pues a faltar todos ellos,
pudiera vuestro juïcio
sostituïr ventajoso
por sus inmensos escritos;

y así, la Naturaleza,
como envidiosa, previno
las ciencias, por excusar
el que les dierais principio.

Mas ¿qué importó, si en el modo
de estudio tan exquisito,
pues las sabéis como nadie,
las deprendéis de vos mismo?

Sois un código animado,
pues si *a colligo* se dijo
código, ¿quién como vos
las leyes ha recogido?;

y si se dijo a *cogendo*,
¿quién como vos ha sabido
al imperio de las leyes
sujetar los albedríos?:

que el triplicado Digesto
tenéis ya tan digerido,
que aún tenéis calor para otros
quincuagenarios de libros.

Pandectas mejores sois,
que si esto suena lo mismo

que *comprender*, vos más que ellas
lo habéis todo comprendido.

En fin, no hay constituciones,
institutas, ni concilios,
ni extravagantes, de quien
no sepáis vos el camino.

Y esto, ¡aun vaya con Dios, que es
profesión que habéis seguido,
y aunque ser en ella docto
es mérito, no es prodigio!

Mas que también seáis poeta,
es cosa que, al referirlo,
han de perder los ingenios
el juicio que no han tenido.

Cuando tan graves negocios
dependen de vuestro arbitrio,
descansando en vuestros hombros
el americano Olimpo,

¿quién no quedará admirado
de que allá, en vuestros retiros,
juntéis el *Juris privato*
con el *Calescimus illo*;

y que, sin dejar de Astrea
el siempre igual equilibrio,
junto a lo *Juris-prudente*,
tengáis lo *Musae-perito*;

y que no esté en el Parnaso
sin vuestra fe de registro,
ni la obscuridad de Persio
ni la claridad de Ovidio?

Pues no igualan vuestros versos
un Homero, un Vario Livio,
un Andrónico, un Lucano,
un Marcio, un Montano Emilio,

un Licofronte, un Alceo,
un Nevio, un Sexto Turpilio,
un Filóxeno, un Terpandro,
un Sófocles, un Esquilo,

un Cornelio Galo, un Accio,
un Tito Valgio, un Atilio,
un Sexto Aurelio, un Propercio,
un Lucio y Clodio Sabino.

Tanto, que pudierais ser
(si hubierais antes nacido)
para Escipïon un Ennio,
para Alejandro un Querilo,

un Virgilio para Augusto,
para Domiciano un Sirio,
para Graciano un Ausonio,
y un Menandro al rey de Egipto.

Pues ya, si fuera el asunto
la alabanza de una Clío,

de una Erinna, de una Safo,
de una Artemia, de una Fito,
    de Corinna, o de Minerva,
o de Zenobia, que hizo
con su pluma más ilustres
los hechos alejandrinos;
    de la hija de Tiresias,
o hermana de Cornificio,
de la mujer de Lucano
o la madre de Aristipo;
    de aquel délfico milagro
o de aquel espanto libio,
de aquel itálico pasmo
o de aquel asombro frigio;
    o de la excelsa duquesa
de Aveiro, de nuestro siglo
honra y corona, y gloriosa
afrenta de los antiguos,
    en cuya divina pluma,
en cuyos altos escritos,
España goza mejores
oráculos sibilinos,
    y de otras muchas con quien
la Naturaleza quiso
borrar el vulgar oprobio
del género femenino,

fuera digno asunto vuestro.
Pero alabar versos míos,
bien pudo ser alabanza,
pero pareció capricho

    por descansar del ahogo
de los estudios prolijos
(que hasta el saber cansa, cuando
es el saber por oficio),

    bien como se divertían
de más molesto ejercicio,
con un mosquito, Marón,
y con una pulga, Ovidio.

    Quien viere vuestro romance
podrá decir lo que a Egipto,
que una pirámide tal
erigió para un mosquito,

    y... Mas hételo Guevara,
que ya llega muy preciso
por el romance, y me quita
lo que iba a decir, del pico.

Lámina sirva el cielo al retrato,
Lísida, de tu angélica forma;
cálamos forme el sol de sus luces;
sílabas las estrellas compongan.

Cárceles tu madeja fabrica:
Dédalo que sutilmente forma
vínculos de dorados Ofires,
Tíbares de prisiones gustosas.

Hécate, no triforme, mas llena,
pródiga de candores asoma;
trémula no en tu frente se oculta,
fúlgida su esplendor desemboza.

Círculo dividido en dos arcos,
pérsica forman lid belicosa;
áspides que por flechas disparas,
víboras de halagüeña ponzoña.

Lámparas, tus dos ojos, febeas
súbitos resplandores arrojan:

pólvora que, a las almas que llega,
tórridas, abrasadas transforma.

Límite de una y otra luz pura,
último, tu nariz judiciosa,
árbitro es entre dos confinantes,
máquina que divide una y otra.

Cátedras del Abril, tus mejillas,
clásicas dan a Mayo, estudiosas,
métodos a jazmines nevados,
fórmula rubicunda a las rosas.

Lágrimas del aurora congela,
búcaro de fragancias, tu boca:
rúbrica con carmines escrita,
cláusula de coral y de aljófar.

Cóncavo es, breve pira, en la barba,
pórfido en que las almas reposan:
túmulo les eriges de luces,
bóveda de luceros las honra.

Tránsito a los jardines de Venus,
órgano es de marfil, en canora
música, tu garganta, que en dulces
éxtasis aun al viento aprisiona.

Pámpanos de cristal y de nieve,
cándidos tus dos brazos, provocan
Tántalos, los deseos ayunos:
míseros, sienten frutas y ondas.

Dátiles de alabastro tus dedos,
fértiles de tus dos palmas brotan,
frígidos si los ojos los miran,
cálidos si las almas los tocan.

Bósforo de estrechez tu cintura,
cíngulo ciñe breve por zona;
rígida, si de seda, clausura,
músculos nos oculta ambiciosa.

Cúmulo de primores tu talle,
dóricas esculturas asombra:
jónicos lineamientos desprecia,
émula su labor de sí propia.

Móviles pequeñeces tus plantas,
sólidos pavimentos ignoran;
mágicos que, a los vientos que pisan,
tósigos de beldad inficionan.

Plátano tu gentil estatura,
flámula es, que a los aires tremola:
ágiles movimientos, que esparcen
bálsamo de fragantes aromas.

Índices de tu rara hermosura,
rústicas estas líneas son cortas;
cítara solamente de Apolo
méritos cante tuyos, sonora.

A tus manos me traslada
la que mi original es,
que aunque copiada la ves,
no la verás retractada:
en mí toda transformada,
te da de su amor la palma;
y no te admire la calma
y silencio que hay en mí,
pues mi original por ti
pienso que está más sin alma.

De mi venida envidioso
queda, en mi fortuna viendo
que él es infeliz sintiendo,
y yo, sin sentir, dichoso.
En signo más venturoso,
estrella más oportuna
me asiste sin duda alguna;
pues que, de un pincel nacida,

tuve ser con menos vida,
pero con mejor fortuna.

Mas si por dicha, trocada
mi suerte, tú me ofendieres,
por no ver que no me quieres
quiero estar inanimada:
porque el de ser desamada
será lance tan violento,
que la fuerza del tormento
llegue, aun pintada, a sentir:
que el dolor sabe infundir
almas para el sentimiento.

Y si te es, faltarte aquí
el alma, cosa importuna,
me puedes tú infundir una
de tantas, como hay en ti:
que como el alma te di,
y tuyo mi ser se nombra,
aunque mirarme te asombra
en tan insensible calma,
de este cuerpo eres el alma
y eres cuerpo de esta sombra.

Señor: para responderos
todas las Musas se eximen,
sin que haya quien, de limosna,
una que ahora me dicte;

y siendo las Nueve Hermanas
madres del donaire y chiste,
no hay, oyendo vuestros versos,
una que chiste ni miste.

Apolo absorto se queda,
tan elevado de oírle,
que, para aguijar el carro,
es menester que le griten.

Para escucharlo, el Pegaso
todo el aliento reprime,
sin que mientras lo recitan
tema nadie que relinche.

Pára, contra todo el orden,
de sus cristales fluxibles

los gorjeos Helicona,
los murmurios Aganipe:

porque sus números viendo,
todas las Musas coligen
que, de vuestros versos, nò
merecen ser aprendices.

Apolo suelta la vara
con que los compases rige,
porque reconoce, al veros,
que injustamente preside.

Y así, el responderos tengo
del todo por imposible,
si compadecido acaso
vos no tratáis de influïrme.

Sed mi Apolo, y veréis què
(como vuestra luz me anime)
mi lira sonante escuchan
los dos opuestos confines.

Mas ¡oh, cuánto poderosa
es la invocación humilde,
pues ya, en nuevo aliento, el pecho
nuevo espíritu concibe!

De extraño ardor inflamado,
hace que incendios respire;
y como de Apolo, dè
Navarrete se reviste.

Nuevas sendas al discurso
hace que elevado pise,
y en nuevos conceptos hace
que él a sí mismo se admire.

Balbuciente con la copia,
la lengua torpe se aflige:
mucho ve, y explica poco;
mucho entiende, y poco dice.

Pensaréis que estoy burlando;
pues mirad, que el que me asiste
espíritu, no está ùn
dedo de que profetice.

Mas si es querer alabaros
tan reservado imposible,
que en vuestra pluma, no más,
puede parecer factible,

¿de qué me sirve emprenderlo,
de qué intentarlo me sirve,
habiendo plumas que en agua
sus escarmientos escriben?

Dejo ya vuestros elogios
a que ellos solos se expliquen:
pues los que en sí sólo caben,
consigo sólo se miden,

y paso a estimar aquellos
hermosamente sutiles

búcaros, en quien el arte
hace al apetito brindis:

    barros en cuyo primor
ostenta, soberbio, Chile
que no es la plata, no el oro,
lo que tiene más plausible,

    pues por tan baja materia
hace que se desestimen
doradas copas que néctar
en sagradas mesas sirven.

    Bésoos las manos por ellos,
que es cierto que tanto filis
tienen los barros, que juzgo
que sois vos quien los hicisteis.

    Y en el consejo que dais,
yo os prometo recibirle
y hacerme fuerza, aunque juzgo
que no hay fuerzas que entarquinen:

    porque acá Sálmacis falta,
en cuyos cristales dicen
que hay no sé qué virtud dè
dar alientos varoniles.

    Yo no entiendo de esas cosas;
sólo sé que aquí me vine
porque, si es que soy mujer,
ninguno lo verifique.

Y también sé que, en latín,
sólo a las casadas dicen
uxor, o mujer, y què
es común de dos lo virgen,

    conque a mí no es bien mirado
que como a mujer me miren,
pues no soy mujer que a alguno
de mujer pueda servirle,

    y sólo sé que mi cuerpo,
sin que a uno u otro se incline,
es neutro, o abstracto, cuanto
sólo el alma deposite.

    Y dejando esta cuestión
para que otros la ventilen,
porque en lo que es bien que ignore,
no es razón que sutilice,

    generoso perüano
que os lamentáis de infelice,
¿qué Lima es la que dejasteis,
si acá la lima os trajisteis?

    Bien sabéis la ley de Atenas,
con que desterró a Aristides:
que aun en lo bueno, es delito
el que se singularicen.

    Por bueno lo desterraron,
y a otros varones insignes;

porque el exceder a todos
es delito irremisible.

El que a todos se aventaja
fuerza es que a todos incite
a envidia, pues el lucir
a todos juntos impide.

Al paso que la alabanza
a uno para blanco elige,
a ese mismo paso trata
la envidia de perseguirle.

A vos de Perú os destierran
y nuestra patria os admite,
porque nos da el cielo acá
la dicha que allá despiden.

Bien es que vuestro talento
diversos climas habite:
que los que nacen tan grandes,
no sólo para sí viven.

¿Cuándo, númenes divinos,
dulcísimos cisnes, cuándo
merecieron mis descuidos
ocupar vuestros cuidados?

    ¿De dónde a mí tanto elogio?
¿De dónde a mí encomio tanto?
¿Tanto pudo la distancia
añadir a mi retrato?

    ¿De qué estatura me hacéis?
¿Qué coloso habéis labrado,
que desconoce la altura
del original lo bajo?

    No soy yo lo que pensáis,
si no es que allá me habéis dado
otro ser en vuestras plumas
y otro aliento en vuestros labios,

    y diversa de mí misma
entre vuestras plumas ando,

no como soy, sino como
quisisteis imaginarlo.

A regiros por informes,
no me hiciera asombro tanto,
que ya sé cuánto el afecto
sabe agrandar los tamaños.

Pero si de mis borrones
visteis los humildes rasgos,
que del tiempo más perdido
fueron ocios descuidados,

¿qué os pudo mover a aquellos
mal merecidos aplausos?
¿Así puede a la verdad
arrastrar lo cortesano?

¿A una ignorante mujer,
cuyo estudio no ha pasado
de ratos, a la precisa
ocupación mal hurtados;

a un casi rústico aborto
de unos estériles campos
que el nacer en ellos yo
los hace más agostados;

a una educación inculta,
en cuya infancia ocuparon
las mismas cogitaciones
el oficio de los ayos,

se dirigen los elogios
de los ingenios más claros
que en púlpitos y en escuelas
el mundo venera sabios?

¿Cuál fue la ascendente estrella
que, dominando los astros,
a mí os ha inclinado, haciendo
lo violento voluntario?

¿Qué mágicas infusiones
de los indios herbolarios
de mi patria, entre mis letras
el hechizo derramaron?

¿Qué proporción de distancia,
el sonido modulando
de mis hechos, hacer hizo
cónsono lo destemplado?

¿Qué siniestras perspectivas
dieron aparente ornato
al cuerpo compuesto sólo
de unos mal distintos trazos?

¡Oh cuántas veces, oh cuántas,
entre las ondas de tantos
no merecidos loores,
elogios mal empleados;

oh cuántas, encandilada
en tanto golfo de rayos,

o hubiera muerto Faetonte
o Narciso peligrado,
    a no tener en mí misma
remedio tan a la mano
como conocerme, siendo
lo que los pies para el pavo!

    Vergüenza me ocasionáis
con haberme celebrado,
porque sacan vuestras luces
mis faltas más a lo claro.

    Cuando penetrar el sol
intenta cuerpos opacos,
el que piensa beneficio
suele resultar agravio:

    porque densos y groseros,
resistiendo en lo apretado
de sus tortüosos poros
la intermisión de los rayos,

    y admitiendo solamente
el superficial contacto,
sólo de ocasionar sombras
les sirve lo iluminado.

    Bien así, a la luz de vuestros
panegíricos gallardos,
de mis obscuros borrones
quedan los disformes rasgos.

Honoríficos sepulcros
de cadáveres helados,
a mis conceptos sin alma
son vuestros encomios altos:

elegantes panteones,
en quienes el jaspe y mármol
regia superflua custodia
son de polvo inanimado.

Todo lo que se recibe
no se mensura al tamaño
que en sí tiene, sino al modo
que es del recipiente vaso.

Vosotros me concebisteis
a vuestro modo, y no extraño
lo grande: que esos conceptos
por fuerza han de ser milagros.

La imagen de vuestra idea
es la que habéis alabado;
y siendo vuestra, es bien digna
de vuestros mismos aplausos.

Celebrad ese, de vuestra
propia aprehensión, simulacro,
para que en vosotros mismos
se vuelva a quedar el lauro.

Si no es que el sexo ha podido
o ha querido hacer, por raro,

que el lugar de lo perfecto
obtenga lo extraordinario;

   mas a esto solo, por premio
era bastante el agrado,
sin desperdiciar conmigo
elogios tan empeñados.

   Quien en mi alabanza viere
ocupar juicios tan altos,
¿qué dirá, sino que el gusto
tiene en el ingenio mando?…

Traigo conmigo un cuidado,
y tan esquivo, que creo
que, aunque sé sentirlo tanto,
aun yo misma no lo siento.

Es amor; pero es amor
que, faltándole lo ciego,
los ojos que tiene son
para darle más tormento.

El término no es *a quo*,
que causa el pesar que veo:
que siendo el término el bien,
todo el dolor es el medio.

Si es lícito, y aun debido
este cariño que tengo,
¿por qué me han de dar castigo
porque pago lo que debo?

¡Oh cuánta fineza, oh cuántos
cariños he visto tiernos!

Que amor que se tiene en Dios
es calidad sin opuestos.

De lo lícito no puede
hacer contrarios conceptos,
con que es amor que al olvido
no puede vivir expuesto.

Yo me acuerdo (¡oh, nunca fuera!),
que he querido en otro tiempo
lo que pasó de locura
y lo que excedió de extremo;

mas como era amor bastardo,
y de contrarios compuesto,
fue fácil desvanecerse
de achaque de su ser mesmo.

Mas ahora (¡ay de mí!) está
tan en su natural centro,
que la virtud y razón
son quien aviva su incendio.

Quien tal oyere, dirá
que, si es así, ¿por qué peno?
Mas mi corazón ansioso
dirá que por eso mesmo.

¡Oh humana flaqueza nuestra,
adonde el más puro afecto
aun no sabe desnudarse
del natural sentimiento!

Tan precisa es la apetencia
que a ser amados tenemos,
que, aun sabiendo que no sirve,
nunca dejarla sabemos.

Que corresponda a mi amor,
nada añade; mas no puedo,
por más que lo solicito,
dejar yo de apetecerlo.

Si es delito, ya lo digo;
si es culpa, ya la confieso;
mas no puedo arrepentirme,
por más que hacerlo pretendo.

Bien ha visto, quien penetra
lo interior de mis secretos,
que yo misma estoy formando
los dolores que padezco;

bien sabe que soy yo misma
verdugo de mis deseos,
pues, muertos entre mis ansias,
tienen sepulcro en mi pecho.

Muero (¿quién lo creerá?) a manos
de la cosa que más quiero,
y el motivo de matarme
es el amor que le tengo.

Así alimentando, triste,
la vida con el veneno,

la misma muerte que vivo,
es la vida con que muero.

    Pero valor, corazón:
porque en tan dulce tormento,
en medio de cualquier suerte
no dejar de amar protesto.

Amante dulce del alma,
bien soberano a que aspiro;
tú que sabes las ofensas
castigar a beneficios;

divino imán en que adoro:
hoy, que tan propicio os miro,
que me animáis la osadía
de poder llamaros mío;

hoy que en unión amorosa
pareció a vuestro cariño,
que si no estabais en mí,
era poco estar conmigo;

hoy, que para examinar
el afecto con que os sirvo,
al corazón en persona
habéis entrado vos mismo,

pregunto: ¿Es amor o celos
tan cuidadoso escrutinio?

Que quien lo registra todo,
da de sospechar indicios.

Mas ¡ay, bárbara ignorante,
y qué de errores he dicho,
como si el estorbo humano
obstara al lince divino!

Para ver los corazones
no es menester asistirlos;
que para vos, son patentes
las entrañas del abismo:

con una intuición, presente
tenéis, en vuestro registro,
el infinito pasado
hasta el presente finito.

Luego no necesitabais,
para ver el pecho mío,
si lo estáis mirando, sabio,
entrar a mirarlo, fino;
luego es amor, no celos,
lo que en vos miro.

Este amoroso tormento
que en mi corazón se ve,
sé que lo siento, y no sé
la causa por que lo siento.

Siento una grave agonía
por lograr un devaneo,
que empieza como deseo
y pára en melancolía.

Y cuando con más terneza
mi infeliz estado lloro,
sé que estoy triste e ignoro
la causa de mi tristeza.

Siento un anhelo tirano
por la ocasión a que aspiro,
y cuando cerca la miro
yo misma aparto la mano;

porque, si acaso se ofrece,
después de tanto desvelo,

la desazona el recelo
o el susto la desvanece.

Y si alguna vez sin susto
consigo tal posesión,
cualquiera leve ocasión
me malogra todo el gusto.

Siento mal del mismo bien
con receloso temor,
y me obliga el mismo amor
tal vez a mostrar desdén.

Cualquier leve ocasión labra
en mi pecho, de manera,
que el que imposibles venciera
se irrita de una palabra.

Con poca causa ofendida,
suelo, en mitad de mi amor,
negar un leve favor
a quien le diera la vida.

Ya sufrida, ya irritada,
con contrarias penas lucho:
que por él sufriré mucho,
y con él sufriré nada.

No sé en qué lógica cabe
el que tal cuestión se pruebe:
que por él lo grave es leve,
y con él lo leve es grave.

Sin bastantes fundamentos
forman mis tristes cuidados,
de conceptos engañados,
un monte de sentimientos;
    y en aquel fiero conjunto
hallo, cuando se derriba,
que aquella máquina altiva
sólo estribaba en un punto.

    Tal vez el dolor me engaña
y presumo, sin razón,
que no habrá satisfación
que pueda templar mi saña;
    y cuando a averiguar llego
el agravio por que riño,
es como espanto de niño
que pára en burlas y juego.

    Y aunque el desengaño toco,
con la misma pena lucho,
de ver que padezco mucho
padeciendo por tan poco.

    A vengarse se abalanza
tal vez el alma ofendida;
y después, arrepentida,
toma de mí otra venganza.

    Y si al desdén satisfago,
es con tan ambiguo error,

que yo pienso que es rigor
y se remata en halago.

Hasta el labio desatento
suele, equívoco, tal vez,
por usar de la altivez
encontrar el rendimiento.

Cuando por soñada culpa
con más enojo me incito,
yo le acrimino el delito
y le busco la disculpa.

No huyo el mal ni busco el bien:
porque, en mi confuso error,
ni me asegura el amor
ni me despecha el desdén.

En mi ciego devaneo,
bien hallada con mi engaño,
solicito el desengaño
y no encontrarlo deseo.

Si alguno mis quejas oye,
más a decirlas me obliga
por que me las contradiga,
que no por que las apoye.

Porque si con la pasión
algo contra mi amor digo,
es mi mayor enemigo
quien me concede razón.

Y si acaso en mi provecho
hallo la razón propicia,
me embaraza la justicia
y ando cediendo el derecho.

Nunca hallo gusto cumplido,
porque, entre alivio y dolor,
hallo culpa en el amor
y disculpa en el olvido.

Esto de mi pena dura
es algo del dolor fiero;
y mucho más no refiero
porque pasa de locura.

Si acaso me contradigo
en este confuso error,
aquel que tuviere amor
entenderá lo que digo.

Fuerza es que os llegue a decir
que sin salud llego a estar,
de vivir para estudiar
y no estudiar el vivir.
Y así, el llegar a escribir
de ajena letra, no hacer
novedad os pueda, al ver
que haya resuelto, al serviros,
por no poder escribiros,
escribiros por poder.

Prolija memoria,
permite siquiera
que por un instante
sosieguen mis penas.

Afloja el cordel,
que, según aprietas,
temo que reviente
si das otra vuelta.

Mira que si acabas
con mi vida, cesa
de tus tiranías
la triste materia.

No piedad te pido
en aquestas treguas,
sino que otra especie
de tormento sea.

Ni de mí presumas
que soy tan grosera

que la vida sólo
para vivir quiera.

Bien sabes tú, como
quien está tan cerca,
que sólo la estimo
por sentir con ella,

y porque, perdida,
perder era fuerza
un amor que pide
duración eterna.

Por eso te pido
que tengas clemencia,
no por que yo viva,
sí por que él no muera.

¿No basta cuán vivas
se me representan
de mi ausente cielo
las divinas prendas?

¿No basta acordarme
sus caricias tiernas,
sus dulces palabras,
sus nobles finezas?

¿Y no basta que,
industriosa, crezcas
con pasadas glorias
mis presentes penas,

sino que (¡ay de mí!,
mi bien, ¿quién pudiera
no hacerte este agravio
de temer mi ofensa?),

sino que, villana,
persuadirme intentas
que mi agravio es
posible que sea?

Y para formarlo,
con necia agudeza,
concuerdas palabras,
acciones contextas:

sus proposiciones
me las interpretas,
y lo que en paz dijo,
me sirve de guerra.

¿Para qué examinas
si habrá quien merezca
de sus bellos ojos
atenciones tiernas;

si de otra hermosura
acaso le llevan
méritos más altos,
más dulces ternezas;

si de obligaciones
la carga molesta

le obliga en mi agravio
a pagar la deuda?

¿Para qué ventilas
la cuestión superflua
de si es la mudanza
hija de la ausencia?

Yo ya sé que es frágil
la naturaleza,
y que su constancia
sola, es no tenerla.

Sé que la mudanza
por puntos, en ella
es de su ser propio
caduca dolencia.

Pero también sé
que ha habido firmeza;
que ha habido excepciones
de la común regla.

Pues ¿por qué la suya
quieres tú que sea,
siendo ambas posibles,
de aquélla y no de ésta?

Mas ¡ay! que ya escucho
que das por respuesta
que son más seguras
las cosas adversas.

Con estos temores,
en confusa guerra,
entre muerte y vida
me tienes suspensa.

Ven a algún partido
de una vez, y acepta
permitir que viva
o dejar que muera.

Penguin
Random House
Grupo Editorial

Primera edición: septiembre de 2023

© 2023, Penguin Random House Grupo Editorial, S.A.U.
Travessera de Gràcia, 47-49. 08021 Barcelona
© 2023, Luna Miguel, por la selección

Printed in Spain — Impreso en España

ISBN: 978-84-397-4260-9
Depósito legal: B-12.170-2023

Compuesto en La Nueva Edimac, S.L.
Impreso en Limpergraf (Barberà del Vallès, Barcelona)

RH 4 2 6 0 9